Remerciements

MAIS NON, JE BLOGUE ! n'est pas issu de la seule rencontre interactive entre un éditeur, un auteur et un illustrateur… En réalité, ce livre relie entre eux des dizaines – que dis-je ! –, des milliers d'ordinateurs de jeunes blogueurs et de grands curieux – parents, enseignants, bibliothécaires et documentalistes, animateurs multimédias –, qui tous m'ont apporté « leur » expérience, leurs idées et avis de premiers lecteurs.
Je remercie donc ici tout particulièrement Adélie, Jean, Ariane, Cédric, Éliane, Éloïse, Hubert, Galadriel, Alice, Marc, Diane, Vincent, Gabrielle, Laurence, Claire et tous les enseignants blogueurs du chapitre 5.
Ils sont les premiers ambassadeurs de ce livre.

MAIS NON, JE BLOGUE !

Le petit guide des jeunes blogueurs pour bloguer vite et bien !

Textes : Astrid de Roquemaurel
Illustrations : Delphine Vaufrey

MILAN
jeunesse

BIENVENUE DANS LA BLOGOSPHÈRE

Nouvelles de famille, carnet de voyage, partage de passions – musique, danse, sport, cheval, voitures de course, recettes de cuisine, critiques de livres ou de films –, dialogue avec la rédac d'un journal... : tu veux publier facilement et régulièrement sur internet des actus sur les sujets qui t'intéressent et recueillir les commentaires de tes visiteurs ? Crée TON blog* et exprime-toi !

Un blog, quèsaco ?... Un site web chro-no-lo-gique !

Le mot blog (abréviation de weblog) est la contraction de deux mots anglais, « web » (internet) et « logbook » (journal de bord de la marine et de l'aviation américaines). Un blog est donc un journal en ligne ou carnet de bord multimédia écrit par une ou plusieurs personnes. Tenir un journal de bord, c'est donc s'engager à mettre à jour régulièrement le contenu de son blog avec, dans la partie centrale du blog, de courts articles ou notes (ou bien « billets » ou « posts » dans la langue des blogueurs) en général classés du plus récent au plus ancien. Il faut bien comprendre en effet qu'un blog n'est pas un forum dans lequel tout le monde peut à la fois lancer des sujets et réagir : dans un blog, seul l'auteur peut proposer de nouveaux articles qui susciteront les commentaires des visiteurs. C'est donc toi qui as l'initiative : belle motivation pour l'écriture !

infos

Bien sûr, si tu as dans l'idée de créer un site internet avec une organisation très spécifique, le blog n'est pas la forme la plus adaptée : il faut dans ce cas avoir les compétences pour créer des pages internet qui correspondent à ton projet particulier.

Pourquoi tant de blogs ?

Parce que…

- C'est **facile** : pas besoin d'être un petit génie de l'informatique, une simple connexion à internet et quelques minutes suffisent pour créer ton blog. En effet, une fois l'inscription de ton blog enregistrée sur un site (la « plate-forme* »), il est prêt à l'emploi. Il ne te reste donc plus qu'à personnaliser sa présentation et à laisser jaillir ton inspiration pour créer son contenu…
  Les chapitres 1 et 2 t'expliquent les grandes étapes de la création d'un blog, du choix d'une plate-forme de blogs à la création et à l'enrichissement de ton site au fil du temps.

- C'est **multimédia** : tu peux rédiger de courtes notes, publier des images, faire des liens vers des sites amis, créer ta station de radio, donner accès à tes séquences vidéo préférées. La plupart des blogs s'organisent autour des notes personnelles écrites par leurs auteurs, mais il existe aussi des blogs entièrement dédiés à la publication d'images – qu'il s'agisse de photos (les photoblogs de famille, par exemple) ou de vidéos (vidéoblogs). Bien sûr, toute publication sur un blog doit respecter la Charte de bonne conduite du (presque) parfait petit blogueur que nous avons spécialement rédigée pour toi dans le chapitre 3.

- C'est **interactif et convivial** ! La mise à jour régulière de ton blog avec de nouvelles informations entretiendra la curiosité de ta famille, de tes amis ou de tes camarades de classe qui laisseront alors sur ton blog leurs commentaires et idées sur ce que tu viens de publier. Cela t'encouragera à continuer ton reportage sur la durée !

Mais c'est aussi… **public** ! Même si tu réserves l'accès de ton blog à certaines personnes seulement, tu dois rester responsable de ce que tu publies, pour ton bien et pour celui des autres.
Dans le chapitre 4, tu découvriras les moyens à ta disposition pour faire connaître ton blog et « gérer » ta popularité.

Bloguer à plusieurs, c'est possible ?

Le chapitre 5 présente quelques initiatives de classes, de bibliothèques et d'associations superbranchées qui utilisent les blogs pour partager une expérience de « journalisme » sur un projet. Parles-en à tes professeurs ou à tes animateurs : grâce à toi, de nouvelles idées de projets faisant collaborer tous les enfants pourront sûrement voir le jour !

SOMMAIRE

Chapitre 1 – 1, 2, 3 : Je crée mon blog !

Chapitre 2 – À vos claviers, prêts… bloguez !

Chapitre 3 – La charte de bonne conduite du (presque) parfait petit blogueur

Chapitre 4 – Rendez-vous sur mon blog !

Chapitre 5 – Bloguons ensemble ! Écoles, associations, clubs de loisirs…

Le BLOG de JULIEN

1, 2, 3 : Je crée mon blog !

1. Bien choisir son sujet : pas de blog sans mises à jour !

Avant de te lancer avec enthousiasme dans l'aventure du blog, réfléchis aux possibilités d'actualisation de ton blog : le sujet te permettra-t-il de l'enrichir régulièrement en nouvelles informations (textes, images...) ? Un site internet, c'est vivant ! Rien de pire qu'un blog qui démarre puis ronronne ensuite sans aucune mise à jour ! Épargne-toi la déception et celle de tes visiteurs !

2. Choisir un outil pour bloguer : la « plate-forme* »

Pour créer ton blog, il te suffit de disposer d'une connexion internet, d'un serveur d'hébergement pour stocker les informations de ton blog (images, sons, documents complémentaires), et d'un espace de publication pour les mettre en scène – écrire des informations, publier des images ou des sons dans le respect du droit d'auteur*, créer des liens...

Certaines plates-formes de blogs sont gratuites (avec ou sans publicité) et conviennent parfaitement à la création de petits blogs, d'autres sont payantes (abonnement avec période d'essai gratuite), avec des fonctionnalités* (utilisations) plus élaborées, des espaces de stockage plus importants (fichiers de textes, images, vidéos, sons...), ou encore la possibilité de créer plusieurs blogs à partir d'un même compte.

ASTUCE :-)

En annexe de ce livre, « Les bonnes adresses » te donneront des références de plates-formes de blogs adaptées à ton projet.

Selon la dimension de ton projet, deux types de solutions sont possibles :

Les plates-formes* en ligne de blogs « clés en main »

Le plus simple est de s'inscrire sur internet auprès d'une plate-forme de blogs « clés en main ». Le serveur d'hébergement stocke tes fichiers (textes complémentaires à télécharger, images, fichiers audio et vidéo) et l'administration* de ton blog, accessible par mot de passe, te permet de gérer facilement son contenu – tu peux ainsi choisir et modifier sa présentation, écrire du texte, insérer des images et des fichiers audio –, le tout en respectant la Charte de bonne conduite du (presque) parfait petit blogueur proposée au chapitre 3. L'administration de ton blog te fournit également des informations sur la vie de ton blog, comme les statistiques (nombre de visiteurs ayant vu ton site). Tu trouveras plus loin certaines indications utiles pour bien choisir ta plate-forme de blogs.

Le savais-tu ?

Un certain nombre de grandes plates-formes de blogs réservent la création de blogs aux enfants de 13 ans et plus. Si tu es plus jeune, ce sont donc tes parents, professeurs ou animateurs qui devront inscrire ton blog à leur nom, devenant alors juridiquement responsables du contenu que tu publies.
Pour les jeunes enfants (6-12 ans), il existe aujourd'hui quelques plates-formes de blogs spécialisées, avec des mises en pages très amusantes, les principales fonctionnalités* de blog, de très bons conseils pour bloguer en toute sécurité et une équipe à l'écoute des enfants et des parents. Par exemple : http://www.canailleblog.com, http://www.zozoworld.com. Plus d'infos dans « Les bonnes adresses » à la fin de ce livre.

Une fois l'inscription effectuée (voir « Les étapes de l'inscription » p. 16), tu sélectionnes dans l'administration* de ton blog le modèle de mise en pages que tu préfères, et hop… voici venue l'heure de publier ta première note (court article) sur le blog que tu vois apparaître. Tu découvres en même temps les possibilités de gestion de ton blog (liste des fonctionnalités* que tu souhaites exploiter, statistiques de consultation, aide en ligne…).

Les logiciels de blogs spécialisés

Mais si ton projet de blog ou celui d'une équipe d'auteurs nécessite des fonctionnalités spécifiques et une mise en pages particulière, il peut être intéressant de faire installer un outil spécifique de création de blog (exemples : Dotclear, WordPress, Movable Type…) qui doit être relié à un serveur d'hébergement pour stocker les informations de ton blog – par exemple le serveur d'hébergement de l'académie de ton école.

Blog du magazine *Julie* (Milan Presse) comportant une organisation particulière créée avec le logiciel WordPress : http://www.leblogdejulie.com

À savoir :

Tu es très attentif au look de ton blog ? N'hésite pas à comparer les mises en pages proposées par les plates-formes. Certaines proposent des dessins pour les enfants (Canaille Blog, ZozoWorld), d'autres des graphismes spécifiques, avec un nombre variable de modèles « personnalisables » (simple sélection des rubriques et de leur ordre d'affichage – voire, pour une personnalisation maximale, modification de la maquette de base du blog en utilisant les « fonctionnalités* avancées » du blog).

Tu voudrais un nom de domaine* (l'adresse de ton blog) qui te ressemble vraiment (exemple : isidoreenlaponie.com) au lieu d'avoir le nom de ton blog seulement à la fin de l'adresse fixe de la plate-forme* ? Bien que cela ne soit pas indispensable pour faire connaître ton blog, cela peut être intéressant si tu veux un nom facile à retenir. Tu trouveras plus d'infos sur ce sujet dans le chapitre 4 « Rendez-vous sur mon blog ! ».

Ton blog, c'est une petite équipe de rédaction ? Si tu t'engages avec plusieurs personnes dans un projet de blog collectif – par exemple dans la création d'un journal de classe ou de voyage –, vérifie que la plate-forme de blogs autorise la création de plusieurs auteurs.

Tu as envie d'avoir plusieurs blogs pour toi et ta famille ? Choisis une formule permettant, pour un même compte, de disposer de plusieurs blogs.

Tu participes à un blog de classe et tu souhaites réexploiter ton superbe article sur les volcans d'Auvergne aussi bien dans la catégorie « Voyage en Auvergne » que dans celle sur l'« Histoire de la Terre » ? Vérifie avec ton enseignant que ton outil de blog permet de classer un article dans plusieurs catégories à la fois.

Tu désires proposer tes propres créations audio ou vidéo en téléchargement ? Vérifie que l'espace de stockage de ton blog est suffisant pour les intégrer.

Tu souhaites bloguer à distance, c'est-à-dire pouvoir envoyer la photo d'un paysage que tu contemples sans être devant ton ordinateur ? Les principales plates-formes* de blogs proposent souvent cette option (« moblog », « moblogging », « mobile blogging ») en utilisant un téléphone portable, un ordinateur de poche ou un appareil photo numérique (envoi de la note en message multimédia MMS ou par e-mail).

Tu souhaites pouvoir changer un jour de plate-forme ou récupérer le contenu de ton blog pour un autre usage : vérifie que cette fonctionnalité existe sur la plate-forme choisie.

Ton blog est réalisé avec un logiciel de blog spécialisé (Dotclear, WordPress ou Movable Type par exemple) ? Les sites de ces logiciels proposent des conseils pour choisir le serveur d'hébergement qui stockera les informations publiées sur ton blog.

LES ÉTAPES DE L'INSCRIPTION

Pour créer ton blog sur une plate-forme* de blogs, il faut renseigner un petit formulaire d'inscription. Les principales informations demandées sont les suivantes :

infos Sur les plates-formes de blogs dédiées aux enfants (exemple : Canaille Blog, ZozoWorld...), seules certaines des infos ci-dessous sont demandées.

Ne publie jamais de renseignements personnels (nom de famille, adresse, e-mail...). L'administration de ton blog te permet de sélectionner parmi les informations d'inscription celles que tu souhaites rendre visibles des visiteurs de ton blog. Ne rends public que ton prénom ou ton « nom d'utilisateur ». Pour bloguer en toute sécurité, reporte-toi à la Charte de bonne conduite du (presque) parfait petit blogueur (chapitre 3).

INFORMATIONS DE CONTACT :

- **Nom d'utilisateur, encore appelé « identifiant », « login », « pseudo » ou « surnom »**
- **Mot de passe**
- **Nom**
- **Prénom**
- **Date de naissance**

ACCÈS À TON BLOG :

- **Adresse internet souhaitée** pour ton blog (URL).
- **Blog public :** visible par tous sur les moteurs de recherche. Un thème général comme le théâtre est intéressant pour tous.
- **Blog privé :** réservé aux personnes à qui tu as communiqué l'identifiant et le mot de passe de ton blog. Exemple : pour un blog de famille.

LE SUJET DE TON BLOG

- **Titre de ton blog.** Exemple : « Jouons au théâtre ! »
- **Accroche** (ou slogan) de ton blog, qui s'affiche souvent en dessous du titre du blog. Exemple : « Le blog des jeunes passionnés de théâtre, qui rêvent de monter sur les planches. Alors... tous en scène ! »

À l'exception du nom d'utilisateur, ces informations restent à tout moment modifiables dans l'administration* du blog.

À chaque publication de nouvelles informations, tu auras besoin d'aller dans l'administration* de ton blog en effectuant les opérations suivantes :
- taper l'adresse de la plate-forme* de blogs ;
- indiquer ton nom d'utilisateur et ton mot de passe.

ASTUCE :-)

Tu es fier de ton blog sur la préparation de la prochaine expédition sur Mars et tu souhaites le rendre public, c'est-à-dire visible des internautes utilisant les moteurs de recherche* sur ce sujet ?

Premier conseil :

Veille à la bonne organisation de ton blog (rédaction et classement des notes), c'est le point de repère des moteurs de recherche pour repérer l'actualité de ton blog.

Deuxième conseil (pour les plates-formes de blogs « tout public ») :

- Si ton blog est inscrit sur une plate-forme de blogs « tout public », utilise la fonctionnalité (rubrique) « Promotion du blog » pour écrire un court résumé et quelques mots-clés sur le contenu de ton blog à l'intention des moteurs de recherche. Les moteurs de recherche de blogs (Technorati, Google) utiliseront en effet ces informations pour classer ton blog sur les expéditions sur Mars dans les résultats des recherches des internautes sur le même sujet. Tu peux proposer ce petit résumé « spécial moteurs de recherche » dès la création de ton blog ou seulement lorsque tu estimes avoir suffisamment d'infos sur ton blog.
- En outre, lors de la rédaction de tes notes, tu as la possibilité d'ajouter à chaque note des mots-clés spécifiques (ou « tags » ou « sujets ») pour résumer leur contenu particulier. Grâce à la liaison existant entre l'administration de ton blog et les moteurs de recherche de blogs, toute nouvelle note publiée sur ton blog sera automatiquement présentée sur ces moteurs, qui adorent comme tu le sais la nouveauté...

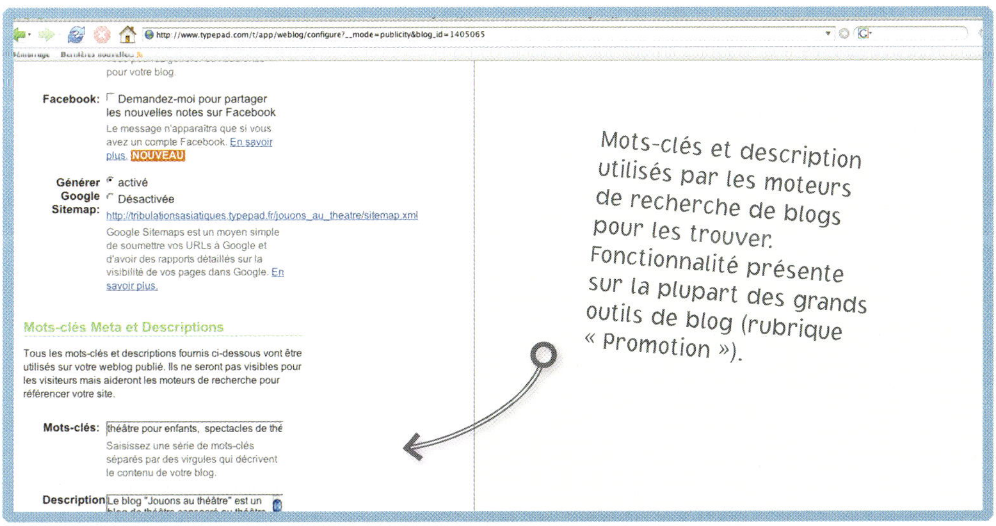

Les mots-clés (ou « tags ») utilisés par les moteurs de recherche* ou les pages d'accueil des outils de blogs regroupent différentes notes traitant du même sujet.

Ainsi, lorsqu'un internaute recherchera la recette des tartelettes amandines, le moteur se fera un plaisir de lui proposer, parmi d'autres recettes, le lien précis (« lien permanent », ou adresse internet spécifique à chaque note) correspondant à ta note sur ce sujet.

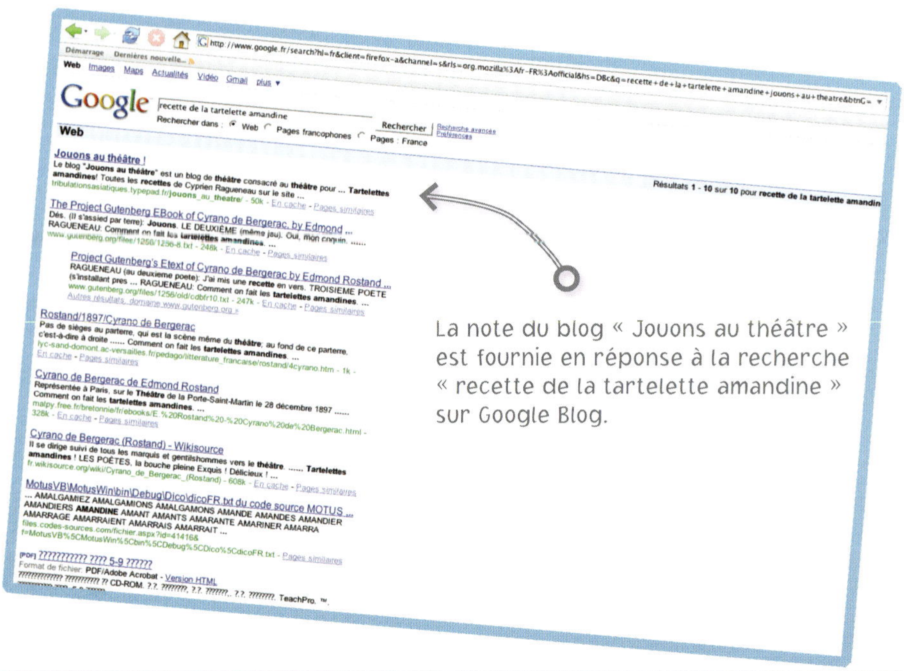

La note du blog « Jouons au théâtre » est fournie en réponse à la recherche « recette de la tartelette amandine » sur Google Blog.

3. Comment différencier un blog d'un autre site web : la maquette !

Afin de t'aider à organiser tes informations dans un blog, nous allons maintenant te présenter la maquette type d'un blog, avec ses principales fonctionnalités*.

1. Publier une note

Sauf dans le cas de blogs qui ne publient que des images (photoblog ou vidéoblog intégrant des images et les commentaires des visiteurs sur celles-ci), les notes sont constituées de courts articles.

Pour créer une note :
Connecte-toi à l'administration* de ton blog et sélectionne la rubrique « Publier » (ou « Notes ») pour écrire ta première note dans le formulaire d'écriture.

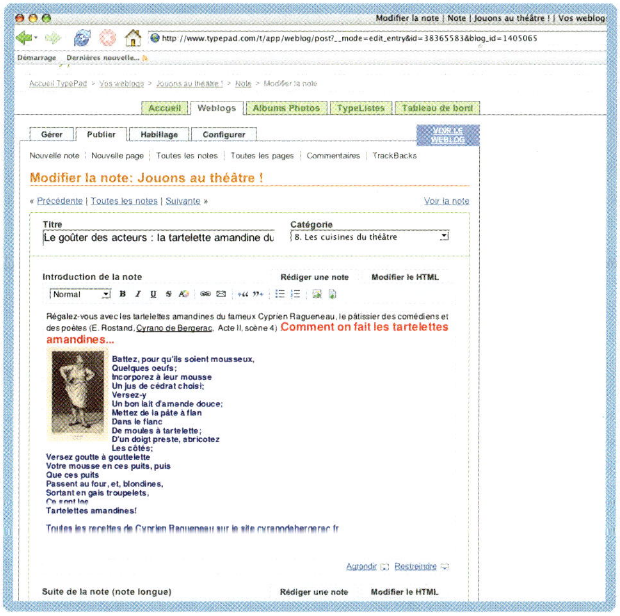

ASTUCE :-)

Si tu ne disposes pas d'une connexion internet haut débit, tu gagneras du temps en écrivant d'abord le texte de tes notes dans un éditeur de traitement de texte (Word, par exemple), puis en te connectant à internet pour « copier-coller » ta note dans l'administration* de ton blog et la mettre en forme (couleur, style de présentation...) comme tu le souhaites. En effet, les mises en forme réalisées directement dans un traitement de texte ne sont pas toujours bien affichées sur un blog.

Évite cependant de créer les titres de tes notes dans un traitement de texte puis de les copier-coller dans l'administration de ton blog, car cela peut engendrer des caractères bizarres à l'affichage. Mieux vaut donc écrire les titres de tes notes directement dans l'administration du blog.

Petits conseils pour la rédaction des notes :

Tu as toutes les chances d'être lu et de susciter les commentaires de tes visiteurs si tu suis ces quelques conseils :

Écrire régulièrement (au moins une fois par semaine).
Comme les notes les plus récentes s'affichent en général en première position dans la partie centrale du blog, évite de transformer ton blog en monument historique avec de vieilles informations qui feront fuir tes supporters !
En outre, plus tu écris souvent, plus tu en auras envie et plus tu le feras facilement.
Ce qui fait l'intérêt d'un blog, c'est ton expression personnelle, la manière dont tu informes tes lecteurs.

Des notes courtes et précises pour transmettre informations et opinions personnelles : ni du « tout texto », ni des phrases longues et compliquées. Pour susciter les commentaires, tu peux de temps à autre finir tes notes avec des phrases comme : « Qu'en pensez-vous ? » ou : « J'attends vos réactions ! »

Un **titre** de note court, précis et qui éveille la curiosité : cela permet de repérer immédiatement ce dont tu vas parler.

Un effort sur **l'orthographe et la ponctuation** – ce n'est pas parce que tu es sur la planète web qu'il faut oublier les règles d'orthographe de notre bonne vieille planète Terre…

Grâce aux outils de traitement de texte qui te sont fournis dans ton blog pour rédiger des notes, tu peux très facilement **mettre en forme ton texte** (taille des caractères, style, police, couleur du texte, alignement des paragraphes…) en cliquant sur les icônes concernées.

À l'intérieur d'une note, tu peux **insérer un lien vers un site internet** en cliquant sur l'icône « lien » pour en indiquer l'adresse complète et la valider (bouton OK), ou **insérer un lien vers un document complémentaire** (un texte plus long que tu auras tapé, une image, un fichier audio ou vidéo) en cliquant sur « insérer un fichier » pour aller sélectionner le fichier sur ton ordinateur puis le valider. Évite néanmoins de mettre en ligne des fichiers volumineux ou protégés par le droit d'auteur*.

Comment **classer** tes notes pour les retrouver facilement ? Une note est immédiatement archivée « par date » (jour, semaine, mois, selon le classement choisi) dès sa création. La plupart des outils de blogs proposent également un classement des notes par catégories (ou thèmes) : à toi, dans ce cas, de bien ranger tes notes et, si ton outil de blog le permet, de créer des noms de catégories adaptés aux différents thèmes de ton blog.
Attention : pour être visible sur ton blog, une catégorie doit au moins contenir une note.

Ta note est achevée ? N'oublie pas de **l'enregistrer** pour la voir apparaître immédiatement sur ton blog ! En cliquant dans l'administration* sur « Voir mon blog », tu peux visualiser la manière dont ta note s'affichera pour tes visiteurs.

Tu peux choisir la **date de publication** de ta note (immédiate ou différée) grâce au « statut de publication » : utilise ainsi le statut « Brouillon » si tu souhaites conserver ta note pour la modifier ultérieurement et la publier plus tard.

Pour t'encourager à faire vivre ton blog, le site communautaire pour enfants zozoworld.com a inventé un système de récompenses sous forme de points, les « Zozs » : tu gagnes des Zozs à chaque fois que tu fais l'effort d'ajouter des informations sur ton blog et que tu le fais connaître ! Ces points te donnent par exemple le droit de sélectionner un modèle de présentation encore plus élaboré pour ton blog ou de participer à des « concours Zozs ».

Le savais-tu ?

2. Gérer sa célébrité

Tu l'as bien compris, la mise à jour régulière de ton blog est la première condition pour susciter la curiosité de tes visiteurs et les inciter à te laisser des commentaires dans le petit formulaire situé sous chaque note – si toutefois tu as choisi de les accepter.

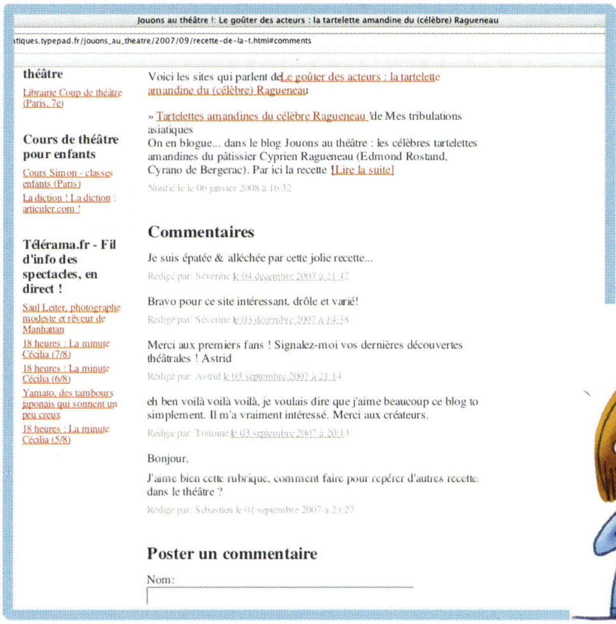

En tant que « directeur de la publication » de ton blog, tu dois veiller à répondre régulièrement à tes fans ou aux grincheux en leur « postant » un nouveau commentaire, et ne pas hésiter à envoyer les visiteurs indésirables aux oubliettes.
La fonctionnalité « Modération des commentaires » permet en effet de les valider avant publication – sans tomber pour autant dans la censure ! – ou de supprimer les commentaires hors sujet déjà publiés. Bien souvent, tu peux aussi restreindre les commentaires aux seuls visiteurs « enregistrés » sur ton blog. Enfin, tu peux choisir d'être alerté par e-mail dès qu'on te poste un nouveau commentaire.

Outre l'engagement que tu prends de répondre aux visiteurs de ton blog, il y a d'autres moyens pour inciter ton entourage à venir se promener régulièrement sur ton blog : reporte-toi pour cela au chapitre 4 : « Rendez-vous sur mon blog ! »

3. Bien utiliser les images

Il est très facile d'ajouter une image (dessin, photo, logo) dans un blog : il suffit de choisir où tu souhaites l'insérer en sélectionnant « insérer une image », puis de la télécharger depuis ton ordinateur – ou même de l'insérer à distance avec les fonctionnalités* de « blog mobile ».
Tu peux également ajouter des photos dans les « albums » (ou galeries) que tu as créés sur ton blog (exemples : album de la sortie au musée des Trains, photos de tes meilleurs desserts).

Veille à ce que tes images numériques ne soient pas trop lourdes, en taille visuelle (définie en points) et en poids (défini en octets), pour éviter un temps de transfert puis d'affichage trop long.

Dans tous les cas, avant de diffuser une image (dessin, photo, logo) sur ton blog – et en particulier si tu l'as trouvée sur internet –, vérifie que tu as le droit de le faire sans risque : reporte-toi pour cela à la Charte de bonne conduite du (presque) parfait petit blogueur (chapitre 2).

4. Proposer des fichiers audio et vidéo sur ton blog

Insérer un fichier

Si ton outil de blog te permet d'insérer un fichier complémentaire (attention : le poids du fichier est souvent limité à 5 Mo), tu peux proposer à tes visiteurs un lien vers tes propres enregistrements (interviews, créations

musicales au format MP3, MP4) et vidéos (formats MPG, AVI, WMV, MOV, MP4).
Il te suffit pour cela de cliquer sur l'icône « insérer un fichier » (fichiers son ou vidéo) pour rechercher le fichier sur ton ordinateur et le rendre cliquable. Ton enregistrement ou ta vidéo sont alors téléchargeables par tes visiteurs.

Les sites de partage de vidéos

Comme les plates-formes recommandent de limiter le poids des fichiers multimédias de ton blog, le plus sûr pour consulter facilement tes créations vidéo est de les rendre accessibles depuis un site de partage de vidéos (YouTube, Dailymotion, Wat.tv...), qui permet un transfert plus rapide des fichiers lourds (100 à 150 Mo par vidéo, plus avec des outils complémentaires). Tu peux aussi « vidéobloguer » les vidéos de tes amis hébergées sur ces sites s'ils l'ont autorisé.

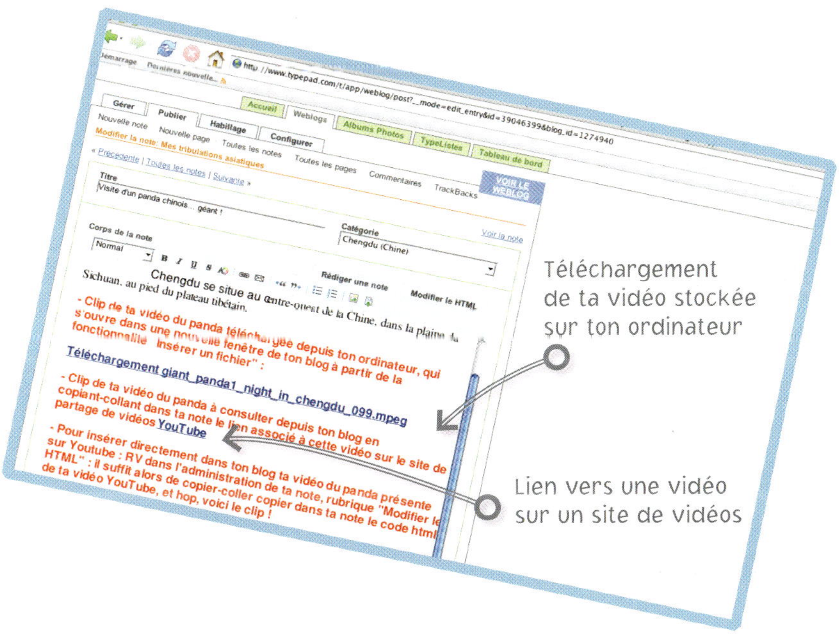

Attention : il est interdit de proposer des fichiers protégés par le droit d'auteur. Pour diffuser ces créations, il suffit de créer des liens vers leurs sites (voir chapitre 3).

Le savais-tu ?

Le créateur d'une vidéo envoyée sur un site de partage peut choisir de la rendre publique (visible par tous les visiteurs du site) ou privée (partagée avec les personnes de son choix). L'auteur envoie alors un e-mail à son fan-club pour l'inviter à consulter sa vidéo.

L'hébergement de tes propres créations vidéo sur un site de partage nécessite tout d'abord de te créer un compte gratuit. Comme tu es un mineur, demande à l'adulte responsable de ton blog de remplir lui-même le petit formulaire d'inscription sur le site de partage de vidéos et de t'assister lors de chaque utilisation !

Une fois ton inscription enregistrée, deux solutions sont possibles pour rendre automatiquement consultables depuis ton blog, non seulement tes propres vidéos envoyées sur le site, mais également celles de tes amis que tu y trouves :

1. Soit copier-coller dans l'administration* de ta note le lien vers l'adresse permanente (URL) de cette vidéo sur le site de partage : tes visiteurs visionneront ton œuvre sur le site où ils pourront la commenter si tu les y as autorisé.

2. Soit intégrer directement dans ton blog le clip de ta vidéo présent sur le site de partage comme suit :

- Copier-coller le code de ta vidéo :
Pour insérer dans ton blog ta vidéo du panda présente sur le site : rendez-vous dans l'administration de ta note, rubrique « Modifier le HTML ».
Il suffit alors de copier-coller dans ta note le code html de ta vidéo (également appelé « code de lecteur exportable »).
La vidéo s'affiche alors dans un lecteur vidéo intégré à ton blog.

- Bloguer une vidéo :
Si ta vidéo est « publique », tu peux depuis Dailymotion la bloguer en cliquant sur «ajouter cette vidéo à mon blog».
Si ta plate-forme* de blogs est reconnue par Dailymotion, la vidéo apparaît alors immédiatement dans une nouvelle note de ton blog.

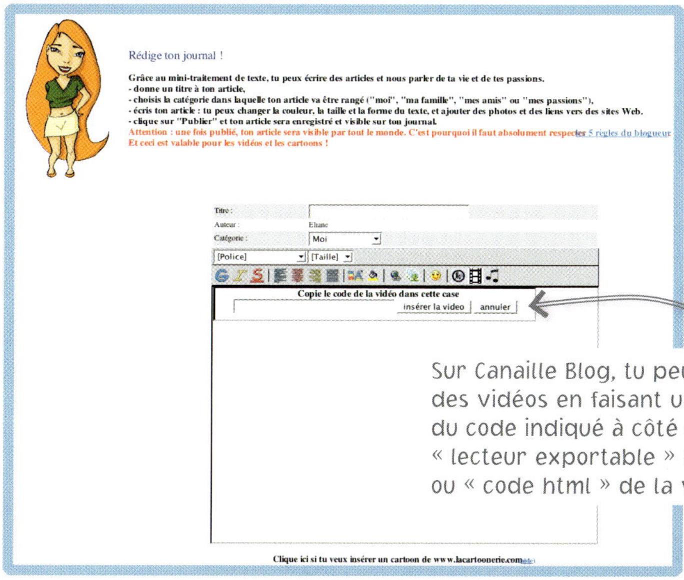

Sur Canaille Blog, tu peux insérer des vidéos en faisant un « copier-coller » du code indiqué à côté de la vidéo (fonction « lecteur exportable » sur Dailymotion ou « code html » de la vidéo sur YouTube).

Tu peux utiliser la même méthode de « copier-coller de code » pour « bloguer » des extraits de chansons à partir de sites d'écoute de chansons en ligne, comme radioblogclub.fr ou deezer.com.

Le savais-tu ?

Tu peux toi-même t'improviser producteur en enregistrant tes propres créations musicales (gratter ta guitare, enregistrer le chant des rossignols ou le son de vieilles locomotives) ou cinématographiques avec un caméscope ou un appareil photo équipé d'une caméra numérique (filmer la naissance de ton bébé labrador pour le blog de ta famille...).

Tu peux également envisager de lancer tes propres chaînes de radio (podcasts) ou de séquences vidéo numériques (vidéocasts) ! Les visiteurs de ton blog pourront s'y abonner gratuitement pour recevoir une alerte sur tes nouvelles créations et décider d'aller les voir dès qu'ils le souhaitent.

De la même manière, tu peux insérer sur ton blog des liens vers des sites proposant des podcasts ou vidéocasts d'émissions qui t'intéressent.

Le podcast de l'émission pour enfants Tfou (TF1)

Tu trouveras plus d'infos pour créer un podcast ou un vidéocast et s'y abonner p. 71 (rubrique « Podcasting* »).

5. Créer et gérer un annuaire de sites favoris sur un blog : les « Listes »

L'administration* de ton blog te permet de proposer à tes visiteurs de consulter les sites complémentaires de ton blog, soit parce qu'ils sont en relation directe avec le sujet de ton blog, soit parce qu'il s'agit de sites que tu apprécies particulièrement (sites ou blogs d'amis, sites d'information ou de loisirs pour les jeunes...).

La fonctionnalité « Listes » de ton blog te permet d'afficher dans une colonne les liens vers tes sites préférés.
Dans « Listes », sélectionne « liste de liens » puis indique dans le formulaire qui apparaît l'adresse du site (exemple : http://www.leblogdejulie.com), son titre (exemple : « le blog du magazine *Julie* - Milan Presse »), et un commentaire éventuel de ce site (exemple : « les coulisses de la rédaction de mon magazine préféré, des enquêtes, des sondages, des discussions sur les sujets du magazine... »). Le site ami se trouve alors « référencé » sur ton propre blog.

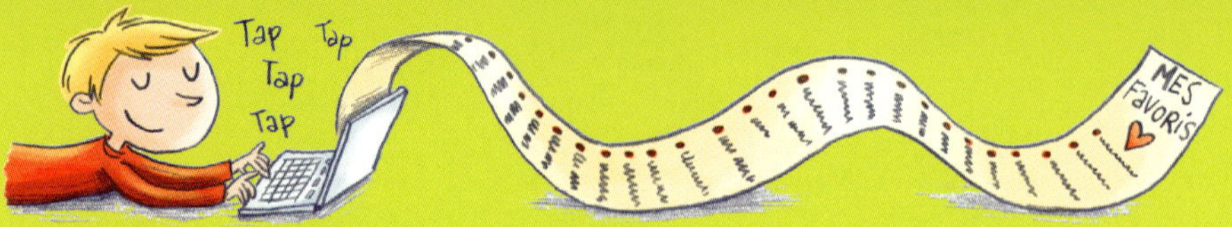

Conseils dans la sélection des sites ou blogs amis de ton blog :

Lorsque tu « références » l'adresse d'un autre site ou d'un blog sur ton propre blog, cela veut dire que tu conseilles à tes visiteurs d'aller le voir. Comme tu le verras au chapitre 4, tu es responsable de tout le contenu de ton blog et donc aussi de ce que tu « conseilles » à tes visiteurs d'aller voir.

C'est pourquoi :

Si quelqu'un te demande de faire un lien vers son site, pas question de le référencer sans avoir été toi-même le visiter pour t'assurer qu'il est « bien » – avec l'aide de ton entourage si besoin. Tu n'as en effet aucun intérêt à « faire de la publicité » pour un site inintéressant ou dangereux.

Vérifie de temps en temps si les sites ou blogs amis que tu as référencés existent encore et s'ils sont toujours… intéressants. Inutile en effet de renvoyer tes visiteurs vers des sites qui ne sont plus à jour, cela signifierait que tu ne fais pas attention à ce que tu publies !

ASTUCE :-)

Tes amis ont des blogs ou sites sympas ? N'hésite pas à leur demander un petit coup de pouce par l'ajout d'un lien vers ton propre blog, tu gagneras ainsi facilement quelques visiteurs ! Tu trouveras plus d'informations sur les moyens de développer la popularité de ton blog en toute sécurité dans le chapitre 4 : « Rendez-vous sur mon blog ! »

Le savais-tu ?

Sur ce même principe de « Listes », tu peux afficher dans l'une des colonnes de ton blog les listes de tes coups de cœur de lecture (listes : livres) ou de cinéma (listes : films) avec, pour chacun, le titre, l'auteur de l'œuvre et, si tu le souhaites, un lien vers la page de présentation complète de ce livre sur le site d'un libraire par exemple. Certains outils de blogs proposent même d'intégrer automatiquement dans ton blog l'image de la couverture du livre (ou du DVD ou du CD) à partir de la référence du titre que tu as indiquée. Les « Listes » peuvent également être utilisées pour créer un annuaire de tes contacts (nom de la personne, lien vers son blog) ou encore un agenda des événements qui t'intéressent (titre de l'événement, lien vers son site).

6. Mais qui donc vient sur mon blog ?

Selon les options d'administration* de ton blog, tu trouveras différentes informations te permettant de suivre la vie de ton blog : statistiques de consultation (nombre de visites depuis son ouverture), origine des visiteurs (adresses des sites web ou des blogs ayant des liens vers ton propre blog et, si la consultation de ton site n'est pas protégée par mot de passe, noms des moteurs de recherche* pointant vers ton blog).

Tu trouveras plus d'informations sur la manière d'accroître la popularité de ton blog en toute sécurité dans le chapitre 4 : « Rendez-vous sur mon blog ! »

3 La charte de bonne conduite du (presque) parfait petit blogueur

Comme tout site internet, les blogs sont soumis à la loi du 21 juin 2004 « pour la confiance dans l'économie numérique ». Lorsque tu crées un blog, tu deviens à la fois auteur, éditeur et directeur de la publication de ton journal et donc responsable de son contenu.
Sur internet comme dans la vie réelle, tu as le devoir de respecter les principes de savoir-vivre, de citoyenneté et de sécurité.
Ne prends pas non plus comme une vérité absolue tout ce que tu lis sur les notes et les commentaires des blogs : les blogs sont avant tout des journaux d'expression personnelle autour d'actualités.
Pour bloguer en toute sécurité et dans le respect de la loi, voici donc la Charte de bonne conduite du (presque) parfait petit blogueur. Suivre cette charte te permettra de mieux comprendre les principes de responsabilité et de respect de la protection des œuvres (le « droit d'auteur* », le « droit des marques ») qui sont abordés en classe dans le **B2i*** (Brevet informatique et internet). Si ton école ou ton collège te proposent de participer à un blog, veille également à suivre la charte spécifiquement mise en place par ton établissement.

1. Je veille à ma sécurité

Quand je suis sur internet, je ne dois pas communiquer d'informations personnelles qui pourraient être utilisées par des personnes malveillantes envers moi, comme :

- mon nom ==> je me présente avec mon prénom ou un pseudo
- mon adresse
- mon numéro de téléphone
- mon e-mail
- mes mots de passe divers
- le nom de ma messagerie instantanée
- le nom de mes amis ou proches, ou toute information personnelle les concernant

J'évite également de communiquer ce qui peut aider à me localiser : nom, logo ou photo de mon école ou de mon club de loisirs, lieux où j'aime bien me rendre, organisation de mon emploi du temps...

Halte au star-system !

Sur mon blog, je ne publie pas d'images provocantes (photos, vidéos) de moi ou de mes amis, car elles pourraient donner envie à des visiteurs mal intentionnés de me rencontrer.
Dans tous les cas, je respecte le droit à l'image* des personnes (voir pp. 38-39).
Si j'ai un doute, j'en parle à mes parents ou à un adulte de confiance.

Je prends garde !

Sur mon blog, je ne réponds pas aux commentaires de personnes qui me posent des questions bizarres ou cherchent à en savoir plus sur moi, mes activités, mes amis et ma famille.
Comme dans la vie quotidienne, je ne me rends jamais seul à un rendez-vous donné par un inconnu sur internet.

2. Respect ! Sur mon blog, je ne dis pas n'importe quoi sur les autres

La liberté d'expression d'opinions différentes doit être garantie sur mon blog comme dans la vie réelle (sinon c'est de la censure !), mais elle ne me permet pas de tout dire ou de tout écrire : je dois respecter les autres pour ne pas me rendre coupable d'infractions punies par la loi.
Il est donc risqué d'utiliser mon blog pour régler mes comptes avec mes copains, mes professeurs ou d'autres personnes.
En outre, si mon blog est public (accessible sans mot de passe), les moteurs de recherche* sur internet pourraient facilement retrouver ces critiques...

Dans mes notes comme dans les commentaires circulant sur mon blog, je dois donc refuser :

- **la diffamation** : diffusion de rumeurs (informations non prouvées) nuisibles à une personne ou à une institution (mon école, par exemple).

- **les propos racistes**

- **l'injure**

- **l'atteinte à la vie privée** : révéler des informations que je crois connaître sur la vie privée de quelqu'un, diffuser l'adresse et le téléphone d'un professeur, rendre publique une correspondance (lettre, e-mail) sans l'autorisation de la personne qui l'a écrite...

En effet, comme dans tout journal intime, ce qui est privé doit rester secret !

Ces infractions sont punies par la loi et peuvent contraindre mes parents à payer des dommages et intérêts aux victimes qui auront porté plainte contre moi.
Je n'hésite pas non plus à supprimer les commentaires des visiteurs « incorrects » qui auraient abusé de leur liberté d'expression.
Sur les blogs des autres, je veille également à me relire avant de valider mon commentaire. En effet, si je regrette ce que je viens de publier, je n'ai plus d'autre solution que de contacter le créateur du blog pour lui demander de supprimer ce commentaire...

3. Je respecte le droit à l'image* des personnes

Tu souhaites mettre en ligne sur ton blog tes photos ou vidéos d'amis, de profs ou de personnes que tu connais ?
L'image d'une personne fait partie de sa vie privée.
Il faut donc respecter le droit des personnes sur leur image en leur demandant une autorisation (écrite, par précaution) pour réaliser ces photographies puis les diffuser sur ton blog.

Le savais-tu ?

- Même si la photo de ton ami est déjà présente sur son blog ou a été publiée antérieurement sur un autre support (un magazine, par exemple), tu n'as pas le droit de la reproduire sans demander à ton ami une autorisation spécifique de publication sur ton propre blog.
- Si tes images concernent des enfants mineurs, tu dois demander une autorisation écrite de publication à leurs deux parents, sous peine de lourdes sanctions.
- Le fait d'effectuer un photomontage (artistique ou satirique) sans avoir obtenu l'autorisation de la personne photographiée pour modifier l'image constitue aussi une infraction.

4. Je respecte les droits de la propriété intellectuelle (droit d'auteur,* droit des marques…)

Ton blog est ta création : il est protégé par le **droit d'auteur** (ou « copyright »), personne n'a le droit de copier ce que tu as toi-même réalisé. En Europe, la durée de la protection d'une œuvre est fixée à 70 ans après la mort de l'auteur. Au-delà, l'œuvre tombe dans le « domaine public » et est donc librement utilisable sans autorisation de l'auteur, sous réserve de respecter son « droit moral » (citer son nom, ne pas déformer son texte…).

- De la même façon, respecte le droit d'auteur des autres artistes : sauf exception prévue par la loi ou autorisation particulière, tu ne peux pas copier-coller sur ton blog des textes ou des paroles de chansons protégés, mais seulement en proposer quelques citations.

- De même, tu n'es pas autorisé à reproduire des images ou des photos protégées (même un détail de ces images), ni à diffuser en téléchargement sur ton blog des fichiers d'œuvres musicales ou de séquences vidéo protégées (même des extraits, sauf autorisation particulière de l'auteur).

- Si tu ne respectes pas le droit d'auteur, tu peux être poursuivi en justice « pour contrefaçon » par les auteurs et/ou éditeurs des œuvres concernées.

✻ Il existe cependant des créations « libres de droits » (« licences libres »), c'est-à-dire mises gratuitement à la disposition de tous par leurs auteurs, qui précisent dans quel cadre les utiliser.

✻ Si tu veux donner ton avis sur un article de presse que tu as lu, pense aussi à citer tes sources (le nom du journal et du journaliste s'il est indiqué, la date de l'article ou le site web sur lequel tu as trouvé l'information).

✻ Veille, enfin, à respecter le droit des marques en demandant les autorisations nécessaires pour toute publication d'image ou de logo de ces marques.

À noter !

Une question ou un doute sur le droit d'auteur* ? Consulte les fiches du site www.droitdunet.fr, rubrique « Créateurs de sites » !

5. Je ne crois pas tout ce que je lis

Je ne prends pas comme une vérité absolue tout ce que je lis sur les notes et les commentaires des blogs : certains auteurs ne vérifient pas toujours suffisamment les informations qu'ils diffusent, d'autres donnent simplement leur opinion personnelle.

6. Il n'y a pas que le blog dans la vie !

Il y a un temps pour tout : sois soucieux de préserver ton équilibre en définissant avec ton entourage les moments les plus appropriés pour mettre ton blog à jour. Pour l'enrichir et avoir des informations intéressantes à partager, il est important de bien gérer tes activités quotidiennes – ton travail de classe, le sport, les loisirs, les amis… Ton blog doit être aussi vivant que ta vie !

Pour bloguer en toute tranquillité, pense à consulter régulièrement la Charte de bonne conduite du (presque) parfait petit blogueur et à prendre conseil auprès de tes parents, enseignants ou animateurs multimédias qui, comme dans la vraie vie, doivent t'aider à adopter les bons comportements et – pourquoi pas ? – apprendre ou enrichir leur pratique du blog en même temps que toi !

4 Rendez-vous sur mon blog !

Tu es fier de la création de ton blog et des informations que tu y publies régulièrement en suivant la Charte du (presque) parfait petit blogueur ? C'est le moment de le faire connaître !
Dans ce chapitre, tu découvriras les moyens à ta disposition pour attirer de nouveaux visiteurs et les fidéliser, c'est-à-dire les inciter à revenir sur ton blog pour te laisser des commentaires ou suggérer de nouvelles idées.
Selon le thème que tu développes, il est en effet très important de savoir adapter la publicité que tu fais de ton blog au public que tu vises – tes amis, ta famille, ton club de loisirs, voire dans certains cas… la planète !
Une visite dans la rubrique « Statistiques » de l'administration* de ton blog te fournira à tout moment les principales informations sur sa fréquentation : nombre de visiteurs et, sur les grandes plates-formes*, noms des sites par lesquels les internautes sont passés pour te dénicher (sites, blogs, moteurs de recherche*...).

1. Blog public ou blog privé ? Choisis ton public !

Lors de la création de ton blog, tu peux, en général, décider de le laisser en accès public, c'est-à-dire visible par tous dès qu'ils en connaissent l'adresse, ou, au contraire, cocher la case « blog privé », c'est-à-dire réservé aux visiteurs à qui tu auras communiqué un identifiant et un mot de passe.

Rendre un blog public, cela signifie :

- Rendre ses dernières mises à jour visibles sur la page d'accueil de la plate-forme. Si ton blog est suffisamment riche, tu peux également utiliser le petit formulaire présent sur la page d'accueil des grandes plates-formes pour demander de figurer un peu dans les « Blogs à la une ».

- Le rendre progressivement visible sur les grands moteurs de recherche de sites internet (par exemple Google, Yahoo)

ou sur les moteurs spécialisés dans la recherche de blogs (par exemple Technorati ou Google Recherche de blogs).
Tu trouveras plus loin (pp. 58-59) quelques astuces à connaître pour aider les moteurs de recherche* à donner un meilleur classement à ton blog.

Pour rendre ton blog privé, c'est-à-dire accessible seulement par mot de passe :

- Connecte-toi à l'administration* de ton blog.
- Dans la rubrique souvent nommée « Accès site », sélectionne « Protection par mot de passe » : choisis alors l'identifiant et le mot de passe que tes amis devront indiquer lorsqu'ils se connecteront à ton blog.
- Il suffit ensuite d'adresser un e-mail à tes amis pour les prévenir de l'ouverture de ton blog et leur communiquer ces codes d'accès.

Tu peux choisir de rendre privé le blog de ta famille, par exemple.

infos

Sur les principales plates-formes de blogs, tu peux à tout moment modifier les conditions d'accès « public » ou « privé » à ton blog (laisser ton blog public puis le rendre privé, puis à nouveau public, ou encore privé sur une partie seulement de son contenu).

Le savais-tu ?

Certains outils de blogs te proposent de choisir de rendre privée seulement une partie de ton blog, les autres informations restant publiques. Dans l'administration* de ton blog, il faut alors cocher les parties de ton blog qui seront protégées par mot de passe.
Exemple :
Si tu publies un blog pour raconter au jour le jour le voyage de ta famille en Laponie, tu peux ainsi décider :
- de rendre publiques toutes les notes des différents épisodes du voyage ainsi que tes albums photo de la région car ces informations peuvent intéresser tous les passionnés de voyages ;
- et au contraire de rendre privé un album de photos plus personnelles que tu veux réserver à des amis.

2. Un nom de domaine* personnalisé pour ton blog est-il utile ?

Tu voudrais un nom de domaine (souvent abrégé en « DNS », *Domain Name System* en anglais) qui te ressemble vraiment ? (exemple : isidoreenlaponie.com au lieu de canailleblog.com/isidore ou de isodoreenlaponie.monoutildeblog.com)
Si cette fonctionnalité est intéressante pour avoir un nom de blog facile à retenir, elle n'est pas indispensable pour faire connaître ton blog : dans ce chapitre, tu trouveras beaucoup d'autres moyens à ta disposition pour agrandir ton public.

En outre :
Tu as besoin de l'aide d'un adulte pour donner à ton blog le nom de tes rêves. Il faut en effet pour cela :
- acheter le nom de domaine* que tu souhaites auprès d'un hébergeur de noms de domaine ;
- diriger ton nom de domaine préféré vers le nom d'origine de ton blog, ce qui nécessite quelques petites manipulations techniques, indiquées dans l'administration de ton blog.

3. De l'info, de l'info... et des fans !

Tu souhaites attirer régulièrement de nouveaux visiteurs sur ton blog ? Un blog « populaire », c'est d'abord un blog souvent mis à jour – on ne le répétera jamais assez !
Plus tes notes sont fréquentes, intéressantes et amusantes, plus les internautes te seront fidèles.
Si ton blog couvre une de tes passions (le rugby, la musique...), tu souhaiteras probablement le faire connaître à d'autres blogueurs.

Pour attirer ces nouveaux visiteurs, tu peux :
- inciter d'autres sites de confiance à créer des liens vers ton blog (blogs de tes amis, sites sur le même sujet) ;
- espérer devenir un jour le blog « coup de cœur » ou chouchou de ton outil de blog ;
- et... compter sur la curiosité des moteurs de recherche (Google, Technorati) pour les infos fraîchement mises à jour...

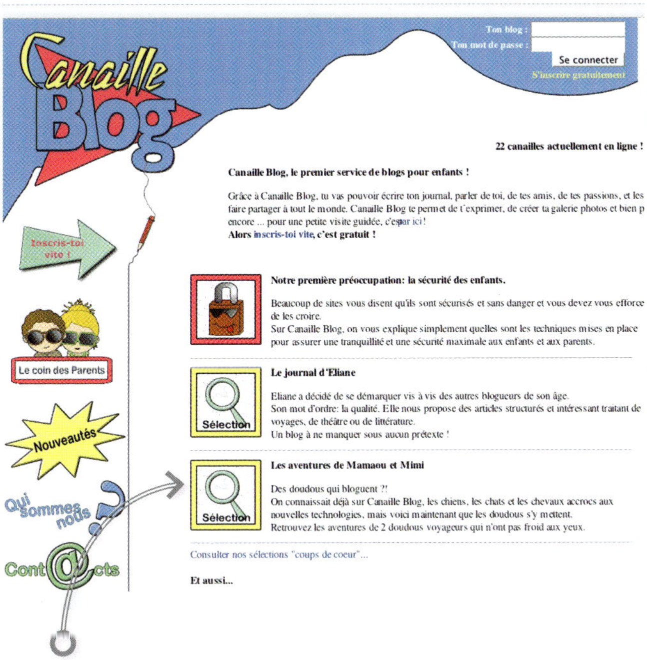

Les coups de cœur de Canaille Blog

4. Lance le buzz* !

Ça y est, tu viens de créer ton premier article et tu veux déjà annoncer l'ouverture de ton blog à tes amis ? Comme les grands journaux, lance le « buzzzzzzzzz ». Le bouche à oreille fonctionne à merveille dans la blogosphère !

4.1 « Communiqué de presse » !

Joue les stars en envoyant à tes amis un e-mail officiel avec un petit message personnel amusant pour leur « recommander » ton blog, c'est-à-dire les inciter à venir le visiter. Ils seront tes premiers supporters !

Tu as deux solutions pour cela :
- Soit écrire ton message directement dans l'administration de ton blog en indiquant les différents e-mails de tes amis. Le message qu'ils recevront sera automatiquement suivi de l'adresse de consultation de ton blog.

- Soit, si tu as ta propre messagerie, écrire ce message avec ton e-mail, en n'oubliant pas d'indiquer l'adresse de ton blog, et les codes d'accès s'il est « privé ».

infos

Sur Canaille Blog, c'est toi qui rédiges ton message, mais l'adresse e-mail de l'expéditeur du message visible par tes amis est celle de tes parents qui ont réalisé l'inscription de ton blog.

La plate-forme* de blogs pour enfants ZozoWorld te donne automatiquement un e-mail (exemple : prenom@zozoworld.com) que tu peux utiliser pour envoyer ton message de bienvenue depuis ce site. Le texte est déjà écrit (simple phrase et lien automatique vers ton blog), tu n'as plus qu'à rajouter les adresses e-mail de tes amis et à cliquer sur « envoyer ».

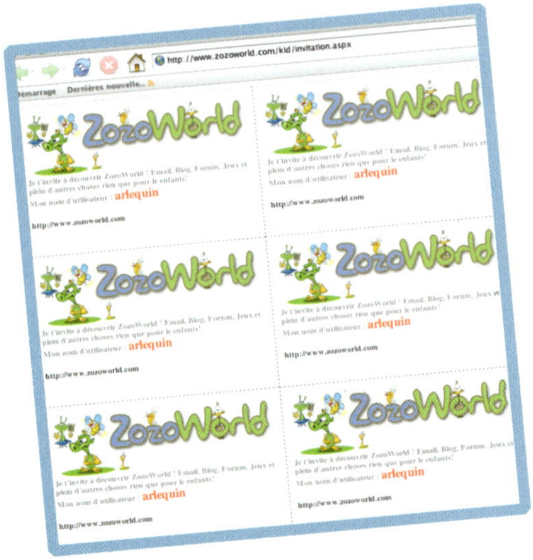

Au cours de la vie de ton blog, n'hésite pas à réutiliser le petit formulaire de recommandation de ton blog, soit pour signaler de nouvelles informations importantes à ton fan-club (mais pas toutes les 5 minutes non plus !), soit pour inviter de nouveaux amis à le découvrir.

ASTUCE :-)

Si tu as un e-mail, n'hésite pas à ajouter l'adresse de ton blog en dessous de ta signature à chaque fois que tu envoies un message à tes amis, c'est un bon coup de pub pour ton blog !

Les visiteurs qui apprécient ton blog pourront à leur tour le recommander à leurs amis en utilisant, par exemple, le petit formulaire de recommandation visible sur ton blog. Ils peuvent aussi mettre sur leur blog des liens vers le tien, ou vers une note précise que tu as publiée (« lien permanent » de la note) et leur faire connaître automatiquement un commentaire qu'ils auront écrit sur une de tes notes (« rétrolien* » : voir « Conversations entre "notes" » p. 53).

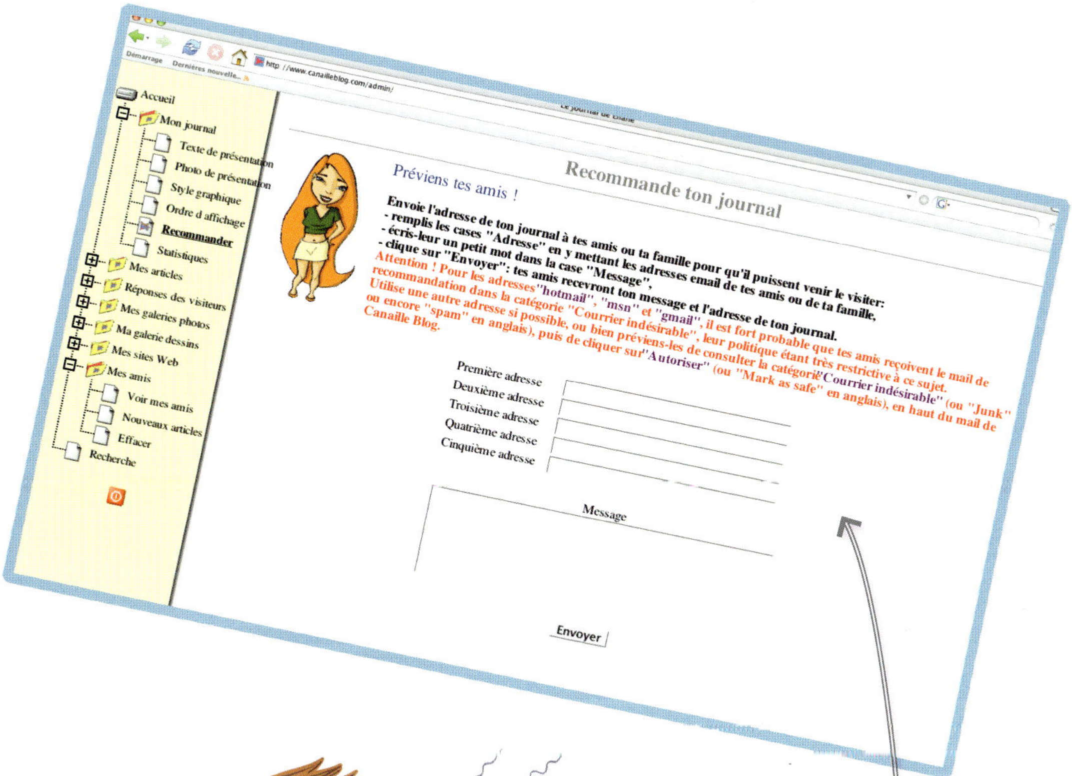

Petit formulaire de recommandation « Tu aimes mon journal ? Conseille-le à tes amis ! » visible sur les « canaille blogs ».

Si ta plate-forme* propose aux internautes de « noter » tes articles, cela te permet de connaître ceux qui sont les plus « populaires ». En cliquant sur une des étoiles disponibles en bas de ton texte, tes visiteurs lui donnent à la fois une note (entre 1 et 5) et augmentent le nombre de tes supporters. Tu peux lire la moyenne de toutes les notes et le nombre de visiteurs ayant approuvé ton article. Une autre forme de recommandation de ton blog !

nombre et moyenne des votes.

CONVERSATIONS ENTRE « NOTES »... :

ASTUCE À L'USAGE DES BLOGUEURS (PRESQUE) PROFESSIONNELS...

Sur les grandes plates-formes de blogs, il existe une fonctionnalité astucieuse pour faire dialoguer les blogs entre eux et augmenter ainsi ton audience : le **rétrolien*** (lien arrière, ou « trackback » en anglais).

Tu es un fin gourmet ? Tu as découvert la recette des tartelettes amandines proposée par le célèbre pâtissier Ragueneau en lisant *Cyrano de Bergerac* et tu souhaiterais partager ta trouvaille avec le blog gourmand de tante Julie ? Au lieu de copier-coller ta note sur les différents blogs correspondant à tes passions, utilise le rétrolien, c'est beaucoup plus interactif !

Pour créer un rétrolien entre ton blog et celui de tante Julie, il faut :
1) Repérer l'adresse du rétrolien (« URL ou lien de trackback de cette note ») de la note du blog de tante Julie que tu souhaites commenter.
2) Rechercher dans l'administration de ton blog la note « Tartelette amandine de Cyprien Ragueneau ».
3) Dans la zone « rétrolien » de l'administration de ta note (également nommée « envoyer un trackback à ces adresses »), copier l'adresse du rétrolien de la note de tante Julie (ou des notes précises d'autres blogs) que tu veux commenter puis cliquer sur « enregistrer ».
Et le tour est joué : en cliquant sur le lien « rétrolien » affiché en bas de la note du blog de tante Julie qui t'intéressait, les visiteurs gourmands du blog de tante Julie pourront instantanément découvrir l'existence de ton blog littéraire et gastronomique sur... le théâtre !

4.2 Tisse ta toile !

Pour permettre aux visiteurs d'autres sites ou d'autres blogs de découvrir le tien, rends-toi visible sur ces sites en demandant à leur responsable de créer un lien vers ton blog. Comme l'araignée, plus tu as de liens amis dirigés vers ton blog, plus tu élargis ton audience (c'est-à-dire ton public). Gagner de nouveaux visiteurs est une récompense stimulante, mais attention, ne gonfle pas tes statistiques de fréquentation (le nombre de visiteurs qui viennent voir ton site) à n'importe quel prix ! La Charte de bonne conduite du (presque) parfait petit blogueur recommande en effet de faire des échanges de liens seulement avec des sites « de confiance ». N'hésite pas à consulter un adulte de ton entourage au moindre doute à ce sujet.

Comment demander la création d'un nouveau lien vers ton blog ?

S'il s'agit des sites de tes amis, tu peux facilement mettre en place un échange de liens entre le site ou blog de ton ami et le tien : vous y gagnerez chacun de nouveaux visiteurs en un clic de souris !
Dans l'administration de ton blog, il suffit d'indiquer le titre du site ami et son adresse complète pour le voir apparaître dans la rubrique des sites amis de ton blog.
S'il s'agit de sites que tu trouves particulièrement intéressants mais dont tu ne connais pas directement le responsable (le « webmaster » / « webmestre », encore appelé « administrateur »), tu peux, si tes parents ou animateurs t'y autorisent, le contacter en lui adressant un e-mail ou en envoyant un message dans le petit formulaire de contact disponible sur le site avec lequel tu souhaites établir un échange de liens. Sois patient cependant, car les réponses ne sont pas toujours immédiates...

L'icône du fil d'info (ici en RSS)

4.3 Un fil d'info pour fidéliser tes visiteurs

Tu continues à faire la publicité de ton blog et la « toile » des sites amis s'agrandit ? Bravo ! Mais comment transformer ces simples curieux en fidèles lecteurs de ton blog ?

En copiant les bonnes vieilles recettes des journaux : de l'actu et un abonnement facile et gratuit des visiteurs aux dernières mises à jour de ton blog grâce au « fil d'info » (ou flux « RSS* » ou « Atom », selon le format technique du fil proposé).

Un bon moyen pour les inciter à revenir régulièrement consulter tes dernières notes sans les bombarder d'e-mails !

Comment tes visiteurs repèrent-ils le fil d'info de ton blog ?

Facile ! Il leur suffit de repérer l'icône RSS* (ou Atom ou XML), l'image ou encore le lien « Abonnez-vous à mon blog » présents sur une des colonnes de ton blog.

Comment s'abonner à un fil d'info RSS ?

Il suffit de cliquer sur le lien du fil d'info puis de le lire dans un « lecteur de fils d'info ».
Aujourd'hui, la plupart des navigateurs internet (Internet Explorer, Mozilla Firefox…) ont un lecteur de fils d'info intégré : en cliquant sur l'icône du fil d'info puis sur « M'abonner à ce flux », l'internaute ajoute alors automatiquement ton blog à la liste de ses fils d'info présente sur la barre d'outils de son navigateur.

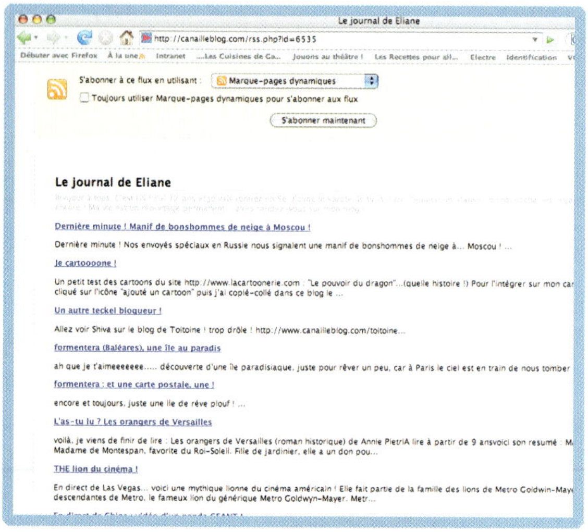

Selon les solutions de fils d'info disponibles sur ton blog, l'internaute pourra recevoir dans son lecteur de fils d'info l'intégralité de ton article, ou seulement le titre de ton article avec un lien pour lire son contenu complet sur ton blog.
Il existe également des fils d'info « commentaires » pour pouvoir consulter à tout moment les nouveaux commentaires sur un article ( par exemple)... bref, les potins de ton blog!

Certains blogs proposent de consulter les fils d'info directement sur les pages d'accueil personnalisées des internautes, réalisées par exemple sur Netvibes (www.netvibes.com) ou sur iGoogle (www.google.fr/ig).

Le flux RSS* du site labo SVJ (http://www.svjlesite.fr), avec un lien d'abonnement permettant de lire les dernières actualités du site, par exemple sur la page d'accueil personnalisable que l'on peut se créer sur Netvibes. Le site labo SVJ est complémentaire du magazine *Science & Vie Junior*.

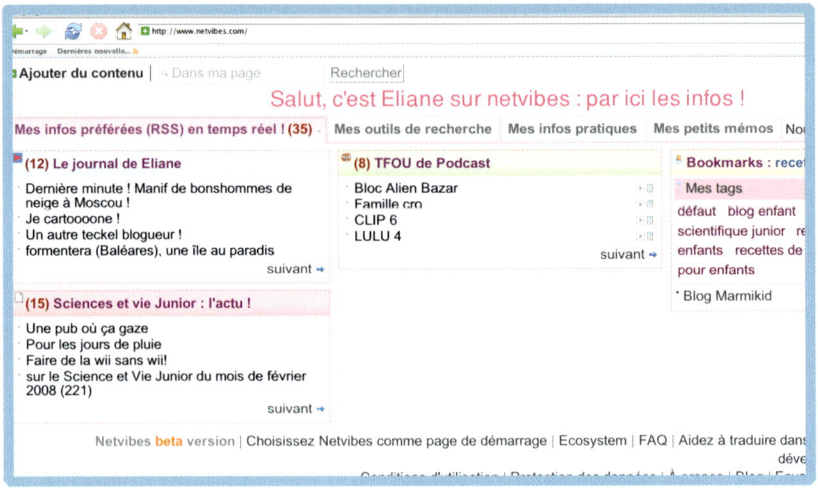

La page d'accueil personnalisée d'Éliane sur le site netvibes.com comporte toutes les infos qui l'intéressent en ce moment sur internet (les pandas, le fil d'info de son canailleblog, son pense-bête...).
À tout moment, Éliane peut modifier comme elle le souhaite le contenu de cette page (ajouter, retirer ou déplacer des informations).

5. Comment les moteurs de recherche* découvrent-ils ton blog ?

Lors de ton inscription, si ton blog est coché « public », c'est-à-dire sans protection par mot de passe, tu permets aux moteurs de recherche de venir le visiter pour le présenter dans leurs résultats sur un sujet particulier (exemple : les expéditions sur Mars). N'oublie pas cependant que tu es sans doute le énième nouveau blogueur de la journée ! Patience, donc : les moteurs de recherche pourront découvrir ton blog dès demain aussi bien que dans trois mois... ou plus !

Attention, comme tes visiteurs, les moteurs de recherche sont exigeants, ils ne reviendront sur ton blog que si la nouveauté les attire. La date de publication de tes notes et le nombre de sites amis en lien vers ton blog sont pris en compte pour calculer la « popularité » (le rang de classement) de ton blog sur les moteurs de recherche (Google, Technorati...).

Plus ton blog apparaîtra dans les premières pages de résultats des moteurs de recherche*, plus tu as de chances d'attirer de nouveaux visiteurs. Tu l'auras compris, une petite note une fois par semaine, par exemple, peut donc grandement aider à montrer l'intérêt de ton blog à la planète. Sur internet (comme dans la vraie vie !), il faut donc encore et toujours continuer à… écrire !

Si ton blog traite d'un thème particulier (exemple : le théâtre pour enfants, la conquête spatiale), tu peux aussi envisager de l'inscrire sur un annuaire de blogs par thèmes (voir « Les bonnes adresses » en annexe de ce livre). Les visiteurs de ce type d'annuaires, à la recherche d'un blog sur un thème précis, pourront alors découvrir le tien et décider de s'abonner à son fil d'info.

Le savais-tu ?

Sur canailleblog.com, par exemple, le moteur de recherche présent dans l'administration des blogs te permet de repérer un blogueur qui traiterait des mêmes sujets que toi sur la plate-forme*… Tu as découvert un « canailleblog » intéressant et tu souhaites suivre son actualité ? Facile ! Clique sur le lien « Ajoute mon journal à ton blog », indique ton identifiant et ton mot de passe sur le petit formulaire qui apparaît, et hop ! tu es immédiatement informé des derniers articles écrits par cette autre « canaille » dans la rubrique « Mes amis » de l'administration de ton blog.

Le blog
de la classe de CM1

5 BLOGUONS ENSEMBLE !

Écoles, associations, clubs de loisirs...

Dans les quatre premiers chapitres de ce livre, tu as découvert que les blogs étaient des sites internet particulièrement adaptés à l'écriture d'actualités régulières sur les sujets qui t'intéressent. En respectant la Charte de bonne conduite du (presque) parfait petit blogueur, tu sais donc désormais comment publier et organiser facilement ces informations.
Mais le blog n'est pas qu'un petit site web personnel facile à créer : il peut être aussi un formidable outil de communication entre la maison, l'école et tes activités de loisirs.
Certes, la réalisation de ces projets multimédias (textes, dessins, photos, vidéos, sons, liens…) est très enthousiasmante, mais ne compte pas sur l'ordinateur pour tout faire à ta place ! En effet, à chaque projet son blog ! Pour avoir des chances d'être lu, il faut donc d'abord penser au public auquel tu t'adresses (d'autres élèves ? les parents ? ton association ?), réfléchir aux sujets à aborder, s'organiser, apprendre à travailler ensemble pour créer les contenus du blog. Les conseils de tes professeurs ou animateurs et une bonne vieille feuille de papier resteront donc toujours aussi utiles pour s'éclaircir d'abord les idées !

1. Des blogs d'école ouverts sur le monde

Si ton école devient elle aussi « blogueuse », ce n'est pas d'abord pour figurer au palmarès des écoles « branchées ». Monter un blog dans le cadre d'une activité scolaire permet à tes enseignants ou à tes animateurs de t'aider à bien utiliser internet pour apprendre, faire partager tes idées et t'ouvrir à d'autres cultures, en respectant à la fois la Charte de bonne conduite du (presque) parfait petit blogueur proposée dans le chapitre 3 et la Charte d'utilisation d'internet de ton établissement.

Dans certaines écoles, le carnet de liaison entre la classe et les parents devient déjà le blog « cahier de texte », le journal de classe découverte un blog « reportage », l'entraînement prend la forme d'un blog « exercices », les échanges entre classes de régions ou de pays différents se pratiquent sur un blog de correspondants tandis que les petits écrivains inventent des histoires ou donnent leur avis sur des livres (blog « atelier d'écriture »).
À l'aide des définitions ci-dessous, tu vas pouvoir repérer dans quelle catégorie d'école blogueuse se situe – ou se situera peut-être bientôt ! – ta classe. Dans un certain nombre d'écoles, ces différents types de blogs se retrouvent cependant actuellement sur un blog unique, le blog général de la classe.

Le blog « cahier de texte »

Le blog cahier de texte est un blog de liaison qui permet aux élèves et aux parents connectés de suivre au jour le jour le travail et les activités de la classe. Il devient donc LE site officiel de la vie de la classe !
Rédigé par l'enseignant, il est parfois complété par les élèves de la classe et les parents qui y laissent des commentaires.
Le blog cahier de texte peut constituer une aide très utile pour permettre aux élèves absents d'avoir des nouvelles de leur classe ou de rattraper leur retard.

Le blog « exercices » : apprendre avec un blog

Certains professeurs « blogueurs » créent également sur leurs blogs des exercices d'entraînement pour leurs élèves avec des conseils complémentaires pour les aider.
Tu peux utiliser la fonction « commentaire » pour poser des questions à ton enseignant et lui permettre ainsi de prendre en compte tes difficultés ou demandes de précisions dans ses prochaines leçons.

Le blog « reportage »

Tous les soirs, ils sont là, rivés à leur ordinateur, en attente de voir ta frimousse, ton dernier billet et tes photos sur la visite de la chocolaterie de Blois et des châteaux de la Loire.
Et les commentaires vont bon train ! Sorties scolaires, classes découverte, les blogs reportages sont plaisants car ils sont aussi intéressants à créer qu'à consulter ! Élèves, enseignants, animateurs, parents, chacun peut participer au blog et le consulter pour vivre « en direct » puis se rappeler tous les bons moments passés ensemble.

Le blog des correspondants entre classes

Mais il n'est pas toujours besoin d'enfiler ses bottes de sept lieues pour vivre un vrai reportage ! Habiter une région différente, c'est déjà exotique, et un blog de correspondants te permet d'échanger facilement tes impressions, tes découvertes de l'année, la vie et les traditions de ta région avec les élèves d'une même classe dans une autre région.
Si tu apprends une langue étrangère, tu remarqueras vite comme il est motivant de communiquer à distance sur un blog avec un correspondant de ton âge vivant dans un autre pays avant de le rencontrer peut-être « en vrai », dans le cadre d'un jumelage d'écoles, par exemple.

L'« ATELIER D'ÉCRITURE » DES PETITS ÉCRIVAINS

Comme les blogs conviennent particulièrement au récit d'événements dans le temps, ils peuvent être facilement utilisés pour écrire, modifier et illustrer les épisodes d'une histoire écrite sous forme de notes dans le blog.

Tu peux ainsi participer en classe à des « ateliers d'écriture » en imaginant d'abord au brouillon le scénario d'une histoire, puis en utilisant le blog mis en place par ton enseignant pour en préparer la publication :

- Écrire des épisodes en utilisant les conseils d'expression écrite de ton enseignant pour faire une bonne « narration » : il faut veiller à raconter l'histoire dans l'ordre chronologique, lui donner un titre ainsi qu'à ses différents épisodes, rédiger des phrases complètes, bien utiliser les temps du verbe et la ponctuation.

- Enregistrer les articles pour pouvoir les modifier ensuite.

- Relire et corriger les articles enregistrés, supprimer les répétitions, vérifier l'orthographe en s'aidant notamment du correcteur orthographique du blog.

- Créer des dessins ou rechercher des illustrations puis les légender – il existe des « banques d'images » librement utilisables à l'école en indiquant simplement la légende de l'image présente sur le site internet où tu l'as trouvée.

Voici alors venu le moment de publier ton histoire sur le blog et de recueillir les commentaires postés par les premiers visiteurs – ton enseignant, les autres élèves, la famille...

Le savais-tu ?

Blog ou wiki* ? Des usages différents pour écrire à plusieurs

Dans un blog, il y a un auteur (ou groupe d'auteurs) qui écrit les notes et des visiteurs qui les commentent.

Dans un logiciel de wiki, chacun peut en permanence modifier directement le texte de l'autre pour l'améliorer. Les wikis servent notamment à faire collaborer plusieurs personnes sur la rédaction d'un article (exemple : le Wikijunior de l'encyclopédie Wikipédia) ou d'un livre interactif.

Plus d'informations sur les wikis dans le lexique de ce livre !

2. Demandez notre blog ! Journalistes, quelle aventure !

Nous venons de voir les principales formes de blogs utilisées par les écoles pour publier et échanger des informations entre enseignants, élèves et parents.

Mais lire le journal à l'école et transformer la classe en salle de rédaction, est-ce bien raisonnable ?
Si tu as participé à la création d'un journal scolaire « papier » ou multimédia, je te vois déjà hocher la tête. Quelle expérience enrichissante en effet de travailler ensemble sur un projet d'écriture destiné à être lu par le plus grand nombre et permettant d'échanger avec son public grâce aux commentaires !

Si le blog permet de t'initier aux évolutions du métier de journaliste et modernise l'image du journal de classe, il n'en utilise pas moins les bonnes vieilles recettes du « canard papier » :
- un titre de journal « accrocheur »,
- une réflexion sur le contenu des articles et leur classement dans des « rubriques »,
- un effort permanent de clarté dans la rédaction, de respect de la grammaire et de l'orthographe,
- des légendes pour les illustrations (lieu de l'illustration, origine de l'image...),
- et, surtout, une organisation de la classe définie par ton enseignant ou animateur pour permettre à chacun de jouer son rôle dans l'équipe de rédaction du journal et de travailler ensemble sur la présentation et la saisie des articles sur l'ordinateur.

Ajoutons dans la marmite des ingrédients innovants du blog la possibilité de publier facilement des interviews au format audio ou vidéo – il existe d'ailleurs des sites de « vidéos éducatives » et minireportages que ton école peut utiliser gratuitement en mentionnant simplement l'origine de la vidéo.

3. Mon avis compte !

En travaillant sur un blog à l'école ou dans tes activités de loisirs, tu participes activement à un projet collectif. Tu deviens tour à tour auteur de notes et commentateur des articles des autres. Et il n'y a pas d'âge pour donner son avis ! En écrivant ton opinion sur un article, tu oses prendre la parole sans timidité tout en respectant les règles de la liberté d'expression rappelées dans la Charte de bonne conduite du (presque) parfait petit blogueur. Profite aussi des commentaires pour t'exercer à l'expression écrite !

Partageons nos passions !

Tu peux faire partager tes coups de cœur sur un livre ou un film sur le blog de la classe, sur celui de la bibliothèque ou du CDI, de ton journal préféré ou tout simplement sur ton blog à la maison.

Presse pour enfants : des rédactions très blogueuses !

Tu souhaites connaître les secrets de tes magazines préférés et discuter avec la rédaction et d'autres lecteurs sur des sujets complémentaires de ceux du magazine ? Rendez-vous sur leurs blogs ! Nous en avons sélectionné quelques-uns dans « Les bonnes adresses » à la fin de ce livre.

Tu pourras y repérer des fonctionnalités intéressantes (vote par article, sondage express, lettre d'information...) et des maquettes innovantes permises par l'utilisation de logiciels de blogs spécialisés (Dotclear, WordPress...). Ces logiciels « libres » et gratuits sont souvent utilisés par les blogs médias ou les blogs d'école qui en apprécient la souplesse, mais ils nécessitent quelques compétences informatiques pour leur installation. Plus d'infos sur ces logiciels dans « Les bonnes adresses » à la fin de ce livre.

Aux blogs citoyens !

Sur un blog d'école ou d'association, il est possible de réagir sur des sujets très importants pour... le monde !
Selon le thème proposé par le blog, tu peux ainsi faire des suggestions faciles à appliquer pour protéger ta planète au quotidien ou participer à un projet d'aide aux enfants d'un pays en guerre...

Je roule pour mon club !

Crée l'événement en exploitant la boîte à idées du blog de ton club de loisirs ! Les notes et commentaires publiés pourront ainsi contribuer à préparer efficacement la fête de fin d'année, par exemple....

4. Je blogue pour le B2i* (Brevet informatique et internet) : un cas d'école !

Pour aider tous les enfants à bien utiliser l'ordinateur et internet, l'Éducation nationale a créé un Brevet informatique et internet, le B2i, avec plusieurs niveaux (niveaux « école », « collège », « lycée »).
La création d'un blog à l'école te permet justement de mettre en pratique les compétences nécessaires au B2i : savoir se servir d'un ordinateur, respecter la charte de bonne conduite de l'internet et les œuvres des autres, créer un document, apprendre à faire une recherche documentaire et à bien communiquer par e-mail...
Au fur et à mesure de tes progrès dans le bon usage de l'ordinateur et de l'internet à l'école, ton enseignant valide sur une « feuille de position » (tableau) les nouvelles compétences acquises. À la fin de l'école primaire, lorsque toutes les aptitudes nécessaires au B2i « école » auront été validées, tu obtiendras une superbe attestation, le B2i « école » – peut-être ton premier diplôme !

Administration du blog : espace personnel permettant de créer puis d'enrichir le contenu de ton blog en utilisant les fonctionnalités à ta disposition. Pour accéder à l'administration de son blog, il faut saisir l'adresse de la plate-forme du blog, puis indiquer son identifiant (nom d'utilisateur) et son mot de passe choisis lors de l'inscription sur la plate-forme de blogs.

B2i : Brevet informatique et internet préparé dans les différentes classes de l'école primaire et du collège pour apprendre à bien utiliser l'ordinateur et internet.

Blog : journal de bord personnel sur internet permettant de publier facilement des actualités (les articles ou « Notes » ou « Billets » ou « Posts » dans la langue des blogueurs) sur un sujet, de les illustrer de façon multimédia (dessins, photos, vidéos, sons…) et de partager ses idées en recueillant des commentaires sur ses articles.
Les blogueurs sont les internautes qui publient des informations sur leurs blogs ou commentent celles d'autres blogs dans la « blogosphère » – la planète des blogs.

Blogroll / Blogoliste : liste des liens vers des blogs et sites amis que tu souhaites faire découvrir aux visiteurs de ton blog.

Buzz : comme le bourdonnement des abeilles autour de la ruche, ce mot anglais désigne tous les moyens à ta disposition pour « faire la pub » et déclencher le bouche à oreille de ton blog : e-mails avec adresse permanente de ton blog en dessous de ta signature, échange de liens, fil d'actualité RSS…

Contenus libres : contenus « libres de droits », souvent appelés copyleft (textes, images, documents, musiques…), c'est-à-dire mis à la disposition de tous par les auteurs qui ont choisi de diffuser leur œuvre sous « licence libre », sans imposer à l'internaute de demande d'autorisation particulière pour les réexploiter. Il suffit donc pour utiliser ces œuvres de respecter les conditions d'utilisation associées à ces documents (droit ou non de les modifier par exemple).

Droit à l'image : droit de toute personne de s'opposer à la publication de son image. Avant toute publication de photos ou de vidéos d'une personne sur ton blog, il faut donc impérativement obtenir son autorisation (ou celle de ses parents dans le cas d'enfants mineurs). Le fait d'effectuer un photomontage en trafiquant la photo d'une personne est interdit.

Droit d'auteur (copyright, propriété intellectuelle) : c'est le droit des auteurs à voir leurs œuvres respectées par les autres. En règle générale, au sein de l'Union européenne, la reproduction intégrale d'une œuvre est interdite pendant toute la vie de l'auteur et jusqu'à 70 ans après sa mort – donc pas de reproduction, de copier-coller ou de téléchargement sans autorisation ! Au-delà de cette période, l'œuvre tombe dans le « domaine public » et devient librement diffusable sans autorisation. Mais le « droit moral » de l'auteur n'a pas de limitation dans le temps : il est donc impératif de toujours citer le nom de l'œuvre, son auteur, et de respecter son intégrité.
Il existe cependant des créations « libres de droits » : voir Contenus libres.

Fil d'info RSS (ou « flux » RSS ou « XML ») : le format RSS est un format de diffusion d'informations permettant de s'abonner au « fil d'info » des dernières actualités d'un blog. Certains blogs intègrent également les fils d'info d'autres blogs directement dans leurs blogs.
Voir chapitre 4 « Rendez-vous sur mon blog » et « Les bonnes adresses » à la fin de ce livre.

Fonctionnalités : outils disponibles dans l'administration de ton blog pour éditer facilement ton blog (écrire un article, insérer des images ou des documents complémentaires, ajouter des liens vers d'autres sites ou blogs).

Logiciel libre : un logiciel libre est un logiciel dont la licence dite « libre » donne à chacun le droit d'utiliser, d'étudier et de modifier le programme pour enrichir ses fonctionnalités au profit de la communauté des utilisateurs. Exemples de logiciels libres spécialisés pour la création de blogs : Dotclear, WordPress.

Moteur de recherche de sites ou de blogs : site internet utilisant des robots parcourant régulièrement la planète web pour découvrir de nouvelles adresses de sites ou de blogs. Pour répondre aux recherches des internautes par « mot-clé », les moteurs de recherche utilisent les mots-clés présents dans les pages des sites parcourus. Il existe des moteurs de recherche de blogs spécialisés. Voir « Les bonnes adresses » à la fin de ce livre.

Netiquette (le « savoir-vivre » sur internet) : respect des règles de communication et de bonne conduite sur internet.
La Netiquette exclut donc en particulier l'injure, la diffamation (chose fausse et méchante que l'on dit sur quelqu'un) et l'atteinte à la vie privée.

Nom de domaine : nom choisi pour un site ou pour un blog et qui est associé à l'adresse numérique de l'ordinateur-serveur qui héberge (stocke) le site ou le blog.
Exemple : dans http://www.canailleblog.com, « canailleblog.com » est le « nom de domaine » du site.
N.B. : Le dépôt d'un nom de domaine spécifique pour son blog auprès d'une société spécialisée (exemple : mesvoyages.com plutôt que http://mesvoyages.typepad.fr/mon_weblog/) permet d'avoir une adresse de blog plus facilement mémorisable, mais cette procédure n'est pas indispensable pour obtenir un bon référencement sur les moteurs de recherche : voir chapitre 4 « Rendez-vous sur mon blog ».

Plate-forme de blogs : adresse du site qui va stocker (« héberger ») les informations du blog. L'inscription sur une plate-forme de blogs est la première étape pour pouvoir créer un blog.
Pour publier de nouvelles informations sur ton blog, il faut saisir l'adresse de la plate-forme de blogs puis indiquer son nom d'utilisateur et son mot de passe. On accède alors à toutes les fonctionnalités d'administration du blog. Voir « Les bonnes adresses » à la fin de ce livre.

Podcasting : la radio (format MP3) et la vidéo à la carte ! Contraction des mots « iPod », le célèbre baladeur numérique d'Apple et « broadcasting » (diffusion), le podcasting permet d'écouter ou de visionner en différé (et non plus seulement en direct) ses émissions préférées sur son ordinateur ou sur son baladeur numérique. En consultant la rubrique « Podcast » (ou RSS) sur le site internet ou sur le blog de l'émission, on peut soit lire directement le fichier audio ou vidéo de l'émission, soit s'abonner (flux RSS) à son téléchargement périodique et automatique puis la consulter dans un logiciel de podcast (la plupart sont gratuits). Une simple synchronisation avec un baladeur numérique permet ensuite de consulter le numéro de l'émission souhaitée… partout ! Voir « Les bonnes adresses » à la fin de ce livre.

Rétrolien (lien arrière, ou *trackback* en anglais) : procédé qui permet de publier une note sur son propre blog (blog A) et de l'envoyer automatiquement, par le biais d'un lien spécial (le rétrolien), en commentaire d'une note d'un autre blog (blog B). Le blog B affiche alors automatiquement en commentaire de sa note un extrait de l'avis du blog A et le lien vers le texte complet de cet avis sur le blog A. Avec le rétrolien, fini le copier-coller de commentaires, on peut commenter « à distance » des blogs intéressants. Voir exemple dans le chapitre 4 « Rendez-vous sur mon blog ! »

TICE : Technologies de l'information et de la communication pour l'enseignement.

Wiki (de l'hawaïen *wiki wiki*, qui signifie rapide) : site internet collaboratif dans lequel chacun peut en permanence modifier le texte de l'autre pour l'améliorer.

Pour en savoir plus sur la création de blogs avec des enfants, voici une sélection des principaux sites et blogs à connaître.
La blogosphère s'enrichit tous les jours de nouveaux sites à découvrir...

Plates-formes de création de blogs

N.B. : Sur le choix des plates-formes, voir les principaux critères de comparaison indiqués pp. 14-15. Sur les plates-formes « clés en main » de blogs pour enfants, voir la rubrique « Blogs pour enfants ». Voir aussi la rubrique « Créer et consulter des blogs pédagogiques ».

Les plates-formes généralistes de blogs « clés en main » (hébergement et publication)

2 exemples de plates-formes proposant des offres gratuites et sans publicité imposée :

Blogger : http://www.blogger.com (l'un des services proposés par Google)

Overblog : http://www.over-blog.com

Haut et fort : http://www.hautetfort.com

Certaines plates-formes de blogs « clés en main » proposent des offres évolutives payantes, avec une période de gratuité et des options de sécurisation plus avancées.

TypePad : http://www.sixapart.com/fr/typepad

BlogSpirit : http://www.blogspirit.com/fr (notamment pour les photosblogs)

Les logiciels de blogs spécialisés à installer sur un serveur d'hébergement

Ces logiciels permettent une forte personnalisation des blogs mais nécessitent des compétences techniques pour leur installation.
2 logiciels libres et gratuits à connaître :

WordPress : pour la version francophone : http://www.wordpress-fr.net

Dotclear : http://www.dotclear.net

Moteurs de recherche et annuaires de blogs

Si le blog est public, c'est-à-dire accessible par tous sans mot de passe, les principaux moteurs de recherche généralistes (exemple : Google, Yahoo...) pourront le repérer.
Il existe également des moteurs de recherche de blogs plus spécialisés, utilisés par les internautes faisant une recherche précise sur un sujet.

Exemples :
http://blogsearch.google.fr (moteur de recherche de blogs de Google)

http://www.technorati.com (moteur américain, le plus connu actuellement dans l'univers des blogs)

Du bon usage des blogs et de l'internet

Des jeux pédagogiques pour apprendre aux enfants à bien bloguer

Matmonblog : http://www.saferinternet.be/games/matmonblog/fr

Vinz et Lou sur internet : http://www.vinzetlou.net.
Site pédagogique conçu par l'agence Tralalere et soutenu par le ministère de l'Éducation nationale.

Droit de l'internet en famille et à l'école

Droit du net (forum des droits sur internet) : http://www.droitdunet.fr : toutes les infos juridiques liées à la création de sites internet.

Légamédia – Éducation et droit de l'internet :
http://www.educnet.education.fr/legamedia

Blog « Mon blog, mes droits, mes devoirs » :
http://lewebpedagogique.com/cgoulet

Internet sans crainte – Comment protéger son enfant sur internet (Délégation aux usages de l'internet, ministère de l'Éducation nationale) :
http://www.internetsanscrainte.fr

Association E-enfance : http://www.e-enfance.org

« Agrégateurs » de fils d'info RSS pour s'abonner et recevoir les dernières actus de ses blogs préférés

Navigateurs internet (Internet Explorer, Mozilla Firefox…) : cliquer sur l'icône RSS

Création de pages personnelles instantanées de regroupement de ses fils d'info préférés : http://www.netvibes.com, My Yahoo, iGoogle

http://www.bloglines.com (disponible en plusieurs langues)

http://www.wikio.fr

Podcasting : des émissions de radio et des vidéos à la carte !

iTunes (logiciel et annuaire) : http://www.apple.com/fr/itunes/download

Juice (logiciel sous licence libre) : http://juicereceiver.sourceforge.net

Podemus : http://www.podemus.fr. Podemus permet également de transformer ses créations audio et vidéo personnelles en « podcasts » accessibles à tous dans l'annuaire du site.

Blogs pour enfants

8-12 ans : Je crée mon blog !

http://www.canailleblog.com
Une plate-forme de blogs gratuite et sans publicité, riche de fonctionnalités et particulièrement adaptée aux enfants de moins de 13 ans. Inscription sur initiative parentale et vigilance permanente des administrateurs sur le contenu des blogs, avec un encouragement à la qualité rédactionnelle. Une éducation aux médias ! Un forum parents est également disponible et de nouveaux services sont en préparation.

http://www.zozoworld.com
Une plate-forme « communautaire » ludique pour enfants, proposant notamment un module de blog « de base ». Inscription à la plate-forme ZozoWorld sur initiative parentale, avec une offre de services gratuits et une offre payante sans affichage publicitaire pour l'enfant.
Le « compte parents » permet de sécuriser le blog : gestion des accès extérieurs au blog ou à la messagerie ZozoWorld de l'enfant, validation ou non des commentaires avant publication.

Presse, édition et loisirs pour enfants : des blogs à lire pour réagir !

Le blog de Julie (Milan Presse, 8-12 ans) : http://www.leblogdejulie.com

Le blog de Lulu, l'héroïne d'*Astrapi* (Bayard Éditions Jeunesse, 7-11 ans) : http://blog.astrapi.com

Le blog de Flo (magazine *Alm@nak*, Milan Presse, 8-12 ans) : http://www.blog2flo.com/

Le blog Dlire (Bayard Éditions Jeunesse, 9-13 ans) : http://blog.dlire.com

Blog Okapi-Je Bouquine (Bayard Éditions Jeunesse, 10-15 ans) : http://blog.okapi-jebouquine.com

Labo SVJ, le site expérimental du magazine *Science et Vie Junior* (Mondadori France, 12-15 ans) : http://www.labosvj.fr

Le Livre de Poche Jeunesse (Hachette) : le blog du roman en cours : *Les Chroniques de Khëradön* de Christophe Debien : http://i-pochefantasy.com/fantasy/index.php?id=54

Le blog des Minots
http://www.lesminots.typepad.fr
Un bel exemple de librairie jeunesse blogueuse.

Cuisine pour enfants : blog de l'animateur de Marmikid sur marmikid.org :
http://www.marmikid.org/parole/blog-anim.cfm

Informations sur les TICE* (Technologies de l'information et de la communication pour l'enseignement)

Éducnet (ministère de l'Éducation nationale) : http://www.educnet.education.fr

La Maison des enseignants : http://lamaisondesenseignants.com : rubrique « Ressources TICE »

CLEMI – Centre de liaison de l'enseignement et des médias d'information (établissement du ministère de l'Éducation nationale) : rubrique « Médias scolaires et lycéens »

Créer et consulter des blogs pédagogiques (blog de classe, blog de veille pédagogique)

LeWebPédagogique (Plus Éditions) : http://www.lewebpedagogique.com
LeWebPédagogique est la première plate-forme de blogs d'enseignants francophones, gratuite et sans publicité (veille pédagogique, blog par matière, blog cahier de texte…). Elle s'adresse également aux élèves (collège, lycée), aux documentalistes, mais aussi aux parents qui s'intéressent à l'actualité de l'enseignement et à la manière d'aider leurs enfants (exemple : réaliser un exposé). Un site dont le contenu et les fonctionnalités ne cessent d'évoluer. Possibilité d'intégrer des vidéos de l'Ina dans les blogs créés sur lewebpedagogique.com.

Scolablog (génération 5): http://www.scolablog.net
Scolabog est une plate-forme dédiée à la création de blogs de classe. 2 offres sont proposées : une offre gratuite avec liens publicitaires textuels et une offre payante avec des fonctionnalités complémentaires et sans publicité. Les blogs de classe de Scolablog sont accessibles uniquement par mot de passe.

Les blogs du Club enseignants de France 5 Éducation : http://blogedu.tv

Jd2i.com : http://www.jd2i.com
Des blogs d'experts sur les questions des professeurs des écoles, accessibles aux abonnés du mensuel Nathan *Jdi*.

Cartables.net : http://cartables.net
Une mine de ressources pédagogiques pour l'école primaire et des liens vers les blogs d'écoles primaires en France. Le site propose également la mise en relation de classes souhaitant échanger entre elles suivant le principe de la correspondance scolaire.

Blog parents J'aime lire (Bayard Éditions Jeunesse) pour l'apprentissage de la lecture et de l'écriture : http://blog.jaimelire.com

Préparation du B2i (Brevet informatique et internet) à l'école : le blog, un cas d'école !

Éducnet (ministère de l'Éducation nationale) : http://www.educnet.education.fr : rubrique « B2i »

PrimTICE* (ministère de l'Éducation nationale) : http://primtice.education.fr : fiches de scénarios pédagogiques permettant de valider les compétences du B2i en primaire.

Le B2i sur lewebpedagogique.com : http://www.lewebpedagogique.com/b2i

Entraînement au B2i sur le site de Nathan (rubrique réalisée avec l'aide du programme « Partenaire pour l'éducation » de Microsoft Éducation) : http://www.nathan.fr/b2i

Blogs associatifs, éducation et animation multimédia

INJEP (Institut national de la jeunesse et de l'éducation populaire) : http://www.injep.fr

Générationcyb.net (site dédié à l'accès public des jeunes à l'internet) : http://www.generationcyb.net

Nos équipes ont vérifié le contenu des sites internet mentionnés dans cet ouvrage au moment de sa réalisation et ne pourront pas être tenues pour responsables des changements de contenu intervenant après la parution du livre.

300, rue Léon-Joulin, 31101 Toulouse Cedex 9 – France

Loi 49.956 du 16.07.1949 sur les publications destinées à la jeunesse.
Dépôt légal : 1er trimestre 2008
ISBN : 978-2-7459-3203-7
Imprimé en France par Pollina - L45582